I0821205

Camiones en la ciudad

Julie Murray

Abdo Kids Junior es una subdivisión de Abdo Kids
abdobooks.com

abdobooks.com

Published by Abdo Kids, a division of ABDO, P.O. Box 398166, Minneapolis, Minnesota 55439.

Printed in China

102024

012025

Spanish Translator: Maria Puchol

Photo Credits: Alamy, Getty Images, Shutterstock

Production Contributors: Teddy Borth, Jennie Forsberg, Grace Hansen

Design Contributors: Candice Keimig, Pakou Moua

Library of Congress Control Number: 2024939030

Publisher's Cataloging-in-Publication Data

Names: Murray, Julie, author.

Title: Camiones en la ciudad/ by Julie Murray.

Other title: City trucks. Spanish

Description: Minneapolis, Minnesota: Abdo Kids, 2025. | Series: Camiones en acción | Includes online resources and index

Identifiers: ISBN 9798384904236 (lib.bdg.) | ISBN 9798384904793 (ebook)

Subjects: LCSH: Trucks--Juvenile literature. | Vehicles--Juvenile literature. | City transit--Juvenile literature. | Public transit--Juvenile literature. | Spanish language materials--Juvenile literature.

Classification: DDC 388.32--dc23

Contenido

Camiones en la ciudad. 4

Otros camiones en la ciudad. 22

Glosario 23

Índice. 24

Código Abdo Kids . . .24

Camiones en la ciudad

Muchos camiones contribuyen al buen funcionamiento de la ciudad.

Un camión de correos reparte el correo. Lo conduce un cartero.

www.usps.com
www.usps.com

¡El camión de la basura es grande! El brazo mecánico levanta el cubo de basura.

CAUTION
TOPS AND BACKS FREQUENTLY
CAUTION
WIDE
RIGHT
TURNS
DO NOT PASS
ON RIGHT
CAUTION
RIGHT-HAND SIDE
DRIVER

Alan conduce un camión cisterna. Así riega las flores de las calles.

LE SAINT-SULPICE
CAMIONS
LUSSICAM
SAINTE-JULIE
(450)649-6198
CAMIONS
LUSSICAM
SAINTE-JULIE
(450)649-6198

Un camión de **reciclaje** pasa una vez a la semana por la casa de Val.

MAGNUM
NOTICE
NOTICE
DANGER
DANGER

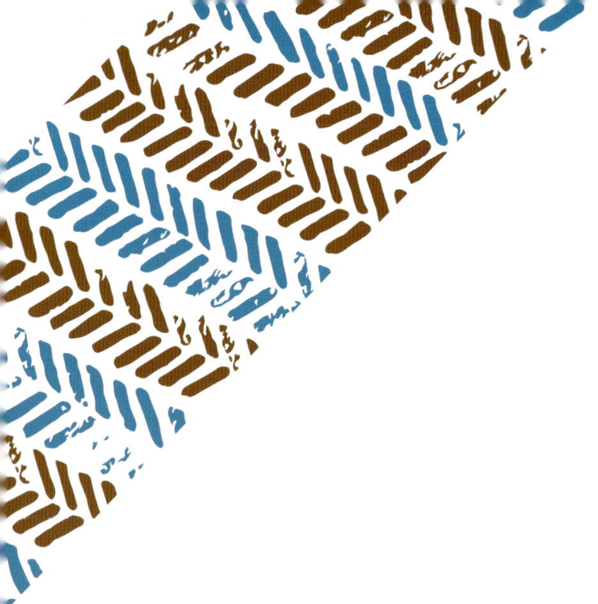

Un camión con cesta eleva a Ian para arreglar los cables de electricidad.

HEIGHT
10FT.-8IN.

Un camión de **mercancías** transporta cosas. Sam ayuda a descargar.

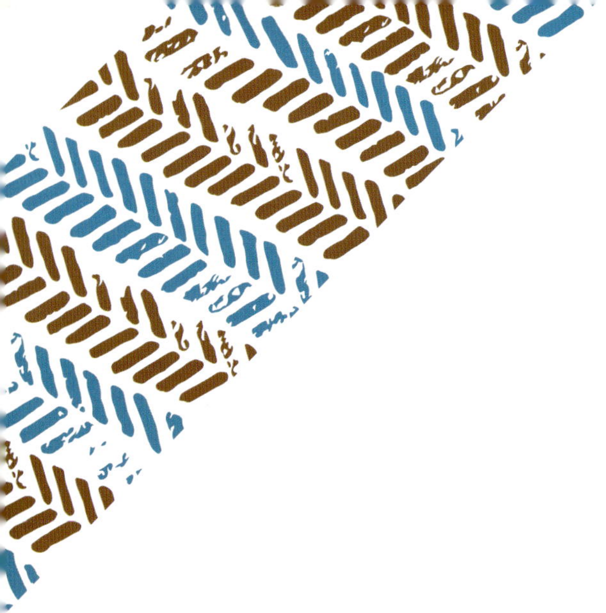

¿Qué camiones ves tú en tu ciudad?

Otros camiones en la ciudad

camión de deshielo

camión de limpieza

camión pintarrayas

grúa

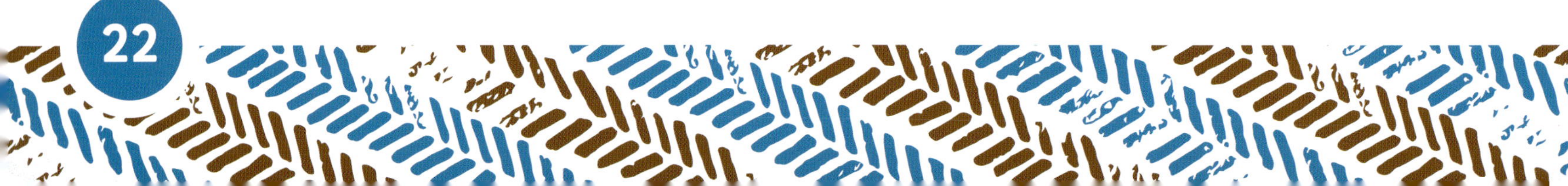

Glosario

mercancías
materiales transportados por barco, avión, tren o camión.

reciclaje
procesar cosas para que puedan usarse de nuevo.

Índice

camión cisterna 10

camión con cesta 14

camión de correos 6

camión de la basura 8

camión de reciclaje 12

camión mercancías 18

camión quitanieves 16

¡Visita nuestra página **abdokids.com** y usa este código para tener acceso a juegos, manualidades, videos y mucho más!

Los recursos de internet están en inglés.

Usa este código Abdo Kids

TCK6110

¡o escanea este código QR!